n° 27/17086.

# DISCOURS

PRONONCÉS

## A L'ENTERREMENT D'ÉLISE REBER,

NÉE A SAINTE-MARIE-AUX-MINES, LE 9 AVRIL 1826;

DÉCÉDÉE A GUEBWILLER LE 7 DÉCEMBRE 1845.

**STRASBOURG,**

De l'Imprimerie de V.ᵉ BERGER-LEVRAULT, rue des Juifs, 33.

1846.

# DISCOURS

PRONONCÉ AU TEMPLE PAR M. GOGUEL,

PASTEUR A SAINTE-MARIE-AUX-MINES.

---

> Sois fidèle jusqu'à la mort, et je te donnerai
> la couronne de vie. Apocalypse II, 10.

La vie s'écoule toujours bien vite, mes Frères ; mais combien cette instabilité des choses d'ici-bas se montre plus forte et plus puissante, maintenant que nous sommes réunis autour de la dépouille mortelle d'une jeune sœur, que la voix irrésistible du Tout-Puissant a rappelée aux jours de la force, à peine au printemps de la vie. Oh ! comme nous avons sujet de nous redire avec la Bible : Toute chair est comme l'herbe, et toute la gloire de l'homme est comme la fleur de l'herbe.

Qu'est-ce que de l'homme mortel, ô mon Dieu, que tu te souviennes de lui et du fils de l'homme, que tu le visites ?

Et voyez, mes Frères ! l'instabilité de la vie est là devant vos yeux ; là retracée dans la tristesse de notre cœur. Peu de semaines se sont écoulées depuis que de tendres amies, de jeunes sœurs se sont réunies pour se réjouir ensemble, dans l'intimité de leur cœur, d'une grâce du Seigneur, d'un baptême d'un enfant bien-aimé. Peu de jours se sont écoulés depuis que les apprêts de départ de notre sœur, pour retourner auprès d'une tendre mère, ont été arrêtés par des atteintes légères d'un mal, et ce mal s'est accru prompt et irrésistible; tous les secours ont été inutiles, tous les soins ont été sans succès.

Le Seigneur l'avait donnée, le Seigneur l'a redemandée. Qui résisterait à la voix du Seigneur, lorsqu'il nous appelle à nous avancer sur ce chemin duquel nous ne reviendrons plus?

La vie est courte, et cependant elle est semée de luttes et d'épreuves, de douleurs et d'afflictions.

Ah! pour plusieurs d'entre vous, cette épreuve n'est point la seule récente épreuve que vous ait envoyée le Seigneur. Pour vous tous, les pleurs que vous versez se joignent à celles que vous ont coûté d'autres douleurs.

Et notre sœur était bien jeune encore, et cependant elle avait déjà été témoin de bien des douleurs. Elle n'était encore qu'une faible enfant, que déjà nous devions la plaindre d'être sitôt une orpheline. Et lorsqu'elle put comprendre et partager toutes les douleurs de sa mère, le Seigneur nous appela à pleurer avec elle, avec ses parents, sur la mort d'un frère bien-aimé, notre commun ami, enlevé comme elle par la même prompte et terrible maladie.

Qui connaît toutes les peines d'une âme, toutes

les douleurs qu'elle éprouve, tous les combats qu'elle doit livrer, tous les efforts qu'elle doit faire pour s'avancer vers son Dieu, se soumettant à sa sainte volonté et se laissant conduire par ses dispensations ineffables. La vie est bien courte, mes Frères, et voici, elle ne s'écoule qu'accompagnée de souffrances et de luttes. Et cependant la vie est un don de Dieu, un don précieux que nous ne devons point regarder avec découragement, point regarder sans reconnaissance envers celui qui nous l'a donnée. Et en effet, mes Frères, pourquoi pleurez-vous autour de cette dépouille mortelle? vous regrettez celle qui pour vous était un don gratuit du Seigneur; vous pleurez, parce que celui qui vous l'avait accordée vous l'a redemandée. Ce qui fait votre deuil, c'est la grâce précédemment reçue du Seigneur, la grandeur même de votre tristesse vous rappelle la grandeur du don qu'il vous avait fait. Oh! que l'épreuve du moment ne vous fasse pas oublier les dons précédents, mais qu'avec foi et reconnaissance vous vous écriiez : c'est le Seigneur qui l'a donnée, c'est le Seigneur qui l'a redemandée. Que le nom du Seigneur soit béni!

Oh oui, notre vie est un don de Dieu, un don béni du Seigneur, pourvu que nous l'employions dans sa sainte pensée et sous son regard adorable. Les luttes passent, les douleurs vont se sanctifier dans la paix de Dieu; le temps s'écoule vers l'éternité, et la mort est le repos du justifié. Dieu a tellement aimé le monde, qu'il a donné son Fils unique au monde, afin que quiconque croit en lui ne périsse point, mais qu'il ait la vie éternelle. Sois fidèle jusqu'à la mort, dit le Seigneur, et je te donnerai la couronne de vie. Oui, voilà le but de notre vie et sa haute signification; voilà sa gloire et son espérance; mais voilà aussi pourquoi nous sommes attristés par diverses épreuves, vu que cela est nécessaire, afin que l'épreuve de notre foi, qui est mille fois plus précieuse que l'or, nous tourne à louange, à honneur et à gloire, lorsque le Seigneur Jésus-Christ paraîtra. Il nous est bon d'être éprouvés, et quand la vie du fidèle est courte, c'est le temps de la préparation et du combat, qui est abrégé par l'anticipation d'un repos et d'un bonheur que l'éternité tout entière vient offrir à celui qui, ayant été fidèle en peu de choses, est entré dans la paix de son Maître. Bienheureux sont ceux qui ont espéré et cru!

Heureuse est donc notre jeune sœur de s'être de bonne heure enquise du Seigneur, n'attendant point un avenir terrestre qui ne devait point lui appartenir. Heureuse est-elle d'avoir, d'un cœur humble et simple, désiré d'être fidèle, d'avoir recherché cette fidélité en en faisant le but de ses prières, le mobile de ses efforts; heureuse est-elle d'avoir connu cette parole qui domine notre terre, son instabilité, ses douleurs par cette certitude : Bienheureux sont ceux qui meurent au Seigneur; oui, dit l'Esprit, car ils se reposent de leurs travaux, et leurs œuvres les suivent. Nous sommes sauvés par grâce, par la foi, et cela ne vient pas de nous-mêmes, c'est un don de Dieu.

Oh que la lumière d'une autre vie vienne donc fortifier et consoler votre cœur; vous qui êtes maintenant travaillés et chargés, que la parole de mon Dieu-Sauveur s'ouvre devant moi, afin que d'elle j'apprenne à dire : Que ta volonté soit faite, et non point la mienne. Qu'elle soit toujours devant mes yeux pour me conduire aux eaux vives de toute paix, de toute force, de toute consolation, en me disant : sois fidèle jusqu'à la mort, et je te donnerai la couronne de vie.

Couronne de vie, éternité ! Oh que ces paroles sont douces à entendre. Par delà les bornes de cette terre, il est un lieu de repos pour les enfants de Dieu. Une immortalité bienheureuse que Christ a mise en évidence. C'est là qu'il n'y aura plus ni deuil, ni cri, ni travail, et que la mort ne sera plus. C'est là que Dieu habitera avec les hommes, c'est là qu'il essuiera toutes les larmes de leurs yeux, c'est là que les élus contempleront la face de Dieu, qui est un rassasiement de paix et de joie pour jamais.

Oh béni sois-tu, mon Dieu, de la sainte espérance que tu nous donnes et de tes divines consolations. Béni sois-tu de ta sainte parole, qui est la paix du souffrant et le soutien de l'âme angoissée.

Mais, ô mon Dieu! je n'ai pas seulement besoin de consolations, mais aussi de force pour aller à toi, qui nous dis : Sois fidèle jusqu'à la mort. Oh oui, viens à moi, Seigneur, pour me donner cette fidélité dans laquelle seule il y a une force réelle et une paix durable. De nous-mêmes nous ne pouvons rien.

Mais, ô mes Frères, tous vous pouvez tout en celui qui veut vous fortifier; à vous tous le secours est offert, puisqu'à vous tous il sera beaucoup redemandé. Nous pouvons tous aller à celui qui donne abondamment la sagesse qui leur manque à ceux qui viennent la lui demander humblement et au nom de Jésus-Christ. Hâtons-nous, Frères, le temps presse; hâtons-nous de travailler à notre salut, nous ne savons combien longtemps la volonté du Tout-Puissant nous laissera sur cette terre. Oh que le Seigneur nous apprenne à tellement compter nos jours, que nous en ayons dès à présent un cœur rempli de sagesse! Et quand même les jours de notre pélerinage terrestre devraient être encore prolongés par la volonté de notre Maître, ne sont-ils point tous un don dont nous rendrons compte, tous un appel de celui qui nous

a tant aimés. Et nous, ô accourons à sa voix, je-
tons-nous entre ses bras, cherchons et trouvons
en lui le pardon, le repos et la joie divine d'un
amour vrai et sincère, d'une soumission chrétienne
et d'une sainte espérance. Et à quel autre qu'à toi
irions-nous, Seigneur Jésus? toi seul tu as les pro-
messes de la vie présente et de celle qui est à venir.
Tu nous as tant aimés, donne-nous de comprendre
ton amour qui pour nous aboutit au ciel. Donne-
nous d'adorer tes voies et de désirer par-dessus
tout de te rester fidèles, afin qu'heureux de ta foi
pendant notre vie, nous nous trouvions tous réunis en toi à l'heure de notre mort et pendant toute
l'éternité. O Seigneur Jésus-Christ, viens, conduis-
nous à toi par ta grâce et sauve-nous par tes divins
mérites. Amen.

---

Nous sommes réunis autour de la dépouille
mortelle d'une jeune sœur, Élise Réber, que le
Seigneur a rappelée après une bien courte, mais
bien violente maladie. Oh que de fois déjà, mes
Frères, nous avons été rassemblés par la pensée
des épreuves du Seigneur, non point, sans doute,
dans cette enceinte, mais dans une autre enceinte
sacrée où nous appelait le même Maître, le même
Consolateur, où se trouvait son même esprit de

force et de soumission, de consolations et de prières. Famille bien des fois déjà éprouvée sur le chemin de la vie, voici une nouvelle perte qui vient vous frapper au milieu de votre pélerinage dans cette vallée de larmes et de misères. Oh serrons-nous tous contre celui qui daigne nous dire : Ma grâce te suffit; venez à moi. Oui, levons tous les yeux vers lui, qui dirige tout par sa divine et puissante volonté! Nous osons le prier, au nom de Jésus-Christ, et la prière faite avec foi a une grande efficace. Oh prions tous pour cette pauvre et tendre mère à qui Dieu vient de redemander une fille bien-aimée. Que le Seigneur lui continue les grâces qu'il a déjà commencé à lui accorder, en lui apprenant à ne point murmurer dans l'épreuve, mais à regarder à Lui, de qui vient la force véritable. Qu'il la soutienne dans cette longue lutte de toute une vie contre la douleur, suite de la séparation, qu'il la console, la fortifie et lui donne de dire avec une douce foi : Quand j'avais beaucoup de pensées au dedans de moi, tes consolations ont réjoui mon âme (Ps. 94, v. 19). Amen.

# Rede

## am Grabe gesprochen,

### von L. E. Burckardt, Pfarrer zu Gebweiler.

———

„Selig sind die Todten, die in dem Herrn ster=
ben, von nun an. Ja, der Geist spricht, daß sie
ruhen von ihrer Arbeit; denn ihre Werke folgen
ihnen nach." (Offenb. Joh., 14, 13).

Selig bist auch du, Elise, so du, wie wir zuversichtlich
hoffen, in dem Herrn entschlafen bist; dem Herrn,
unserm Gott, dem Herrn Jesu, unserm Heiland. Von nun
an, schon jetzt bist du selig und lächelst mit verklärtem Ange=
sicht vom Himmel herab auf diese arme Erde, da wir, die
Zurückgebliebenen, trauernd und weinend stehn. Du ruhst
von deiner Arbeit, und obgleich deine Arbeit auf Erden
äußerlich keine lange und keine schwere gewesen, so ist dir
doch willkommen die stille Sabbathsruhe dort oben, der
Feierabend, nach dem kurzen Frühlingstag. Eine Arbeit,
und die wichtigste und drückendste, hast auch du durchzuar=
beiten gehabt : den Kampf mit der Sünde, mit deinem
eigenen Herzen. Aber du hast's nicht leicht genommen mit
diesem Kampfe; du hast ihn nicht gescheut. Du hast ihn
gekämpft nicht im Vertrauen auf deine eigene Kraft, und
stolz den Sieg dir versprechend und dir zuschreibend;
sondern du hast ihn gekämpft mit dessen Hilfe, dessen Kraft
in den Schwachen mächtig ist, unter Anrufung dessen von
dem ein Glaubensheld das kühne Wort gesprochen : „Ich

vermag alles durch Den der mich mächtig macht, Christum." — „Selig sind die da leidtragen, denn sie sollen getröstet werden. Die mit Thränen säen, die werden mit Freuden ernten." Diese Worte der Schrift wollen wir auf dich anwenden, die du leidgetragen über deine Sünde und deine Schwachheit, die dir noch anklebte, wie allen, auch denen die mit Ernst und Glauben streben nach der Heiligung; die du oft still geweint, gewiß auch oft Thränen der Reue und Buße, Thränen der Sehnsucht nach einem reinern Herzen, nach einem willigern und vollkommnern Gehorsam gegen Gottes Gebote, gegen Christi königliches Gebot der Liebe; die du noch auf deinem Sterbelager, als schon die Sinne dir schwanden, gebetet: Gott sei mir gnädig! Ernte, ernte nun, ohne Aufhören, die Frucht deiner Thränen, den Gnadenlohn deines Gottes und Heilandes, die ewige Seligkeit, da wo Gott abwischen wird alle Thränen von ihren Augen und der Tod nicht mehr sein wird, noch Leid, noch Geschrei, noch Schmerz mehr sein wird; wenn das Erste ist vergangen und alles neu geworden!

Selig sind die Todten, die im Herrn sterben! Theure Verwandte, in dieser Zuversicht und in der frohen Hoffnung daß unsere liebe Entschlafene zu diesen gehört, laßt auch uns unsere Thränen trocknen. Und wenn sie, in diesem schmerzlichen Augenblick, unaufhaltsam rinnen, so laßt uns wenigstens weinen, nicht über sie, sondern über uns; nicht sie beklagen über ihren Weggang, sondern uns, über unsern Verlust. Doch wir wollen ja nicht selbstsüchtig sein, und nur an uns denken: haben wir den Glauben, daß es ihr wohl geht, besser als es ihr je auf Erden gehn hätte können, wenn sie auch noch so glücklich gewesen wäre, daß sie nun so mancher Versuchung und mancher harten Prüfung überhoben ist, die ihrer unvermeidlich gewartet hätten — o so laßt uns sie selig preisen, daß sie ausgerungen hat, und so wir weinen wollen, laßt uns Dankes-Thränen weinen, daß der Herr sie erlöst hat — und so wir bittre Thränen weinen wollen, laßt uns weinen über uns selbst, über unsere Sünde, über unsere Gleichgültigkeit, über unsere Lauheit, über unsern Unglauben, über unsern allzu todten Glauben, über unsern irdischen Sinn, über unsere irdischen Sorgen, ja über unsere irdische Liebe, insofern sie noch nicht geheiligt und durch- glüht ist mit dem läuternden Feuer der himmlischen Liebe. Ja, laßt uns vergießen die rechten Thränen, die Thränen, die edeln Samen das Wort Gottes nennt, die Thränen aus welchen entsproßt die Freudensaat in der Ewigkeit. Laßt dahin unser Streben gehn, die Vorangegangene dort wieder zu finden in den Armen die für uns am Kreuz durchbohret worden.

Und ihr, theilnehmende Freunde alle, die ihr mit uns dies Grab umsteht, Brüder und Schwestern in Christo, lernet heute an diesem Sarge von neuem die Vergänglichkeit und Hinfälligkeit des menschlichen Lebens, die Gebrechlichkeit auch der jugendlichen Kraft, wie schnell dahinwelkt auch der Jugend Frische. Acht Tage haben hingereicht um aus der blühenden Jungfrau einen kalten Leichnam zu machen. Sie kam hieher zu einem christlichen Familienfest und sie fand hier den Tod. Sie blieb hier eine Kranke zu verpflegen; Dank sei dir dafür gesagt! und die Genesende schaut ihr nach ins Grab.

O Herr, lehre uns bedenken, daß wir sterben müssen, auf daß wir klug werden! Gib, daß auch wir den klugen Jungfrauen gleichen, die auf den Herrn warten, und die Lampen mit dem Glaubensöl in Bereitschaft halten. Ja, mache uns jeden Tag bereit abgerufen zu werden vor deinem Richterstuhl, Rechenschaft abzulegen von unserm Haushalt. Laß bei Zeiten uns rechtschaffene Früchte der Besserung tragen, und richte unsere Füße auf den Weg des Friedens. Du, Herr Jesu, Friedensfürst, komm in unsere Herzen. Segne du für uns auch diesen Tag und diese Stunde, und mache dies Thränenfeld für mehr als einen unter uns zum fruchtbaren Acker, voll reichlichen Früchten für die einstige Freudenernte.

> Gott suchte sie, die starben,
> Gott ist es der dich sucht;
> Geh bringe deine Garben,
> Und ernte seine Frucht.